Tulika

माला की चाँदी की पायल

कहानी ऐनी बेसंट चित्र नैन्सी राज

अनुवाद विधु पुरकायस्था

Mala Ki Chaandi Ki Payal (Hindi)

ISBN 978-81-8146-980-9

First published in India, 2011
Seventeenth reprint, 2025

Originally in English

Published by
Tulika Publishers, 305 Manickam Avenue, TTK Road, Alwarpet, Chennai 600 018, India
email reachus@tulikabooks.com *website* www.tulikabooks.com

Printed and bound by
DV Graphics, Chennai, India

हुश्श्श्!

माला बिल्ली को डराती।

हेएए!

वह अपनी नानी को डराती।

धप्प!

वह अपने छोटे भाई को डराती।

भऊऊ!

वह डाकिए को डराती।

एक दिन माला की माँ ने उसे एक छोटी-सी डिब्बी दी।

"माला, यह तुम्हारे लिए है," वे बोलीं।

माला ने जल्दी से डिब्बी खोली जिसमें उसे मिली – नीले कागज़ में लिपटी, प्यारी-सी चाँदी की पायल!

उन्हें पहनकर, वह पूरे
घर में घूमने लगी।

छिक-छिक-छम

छोटे-छोटे घुंघरु झनकते।

छिक-छिक-छम

अब माला जहाँ भी जाती,

सब जान जाते।

छिक-छिक-छम

माला की *हुश्श्श!* से पहले
बिल्ली कूद जाती।

छिक-छिक-छम

माला की *हेएए!* से पहले
नानी पलट जातीं।

छिक-छिक-छम

माला की *धप्प!* से पहले
छोटा भाई बाहर भाग जाता।

छिक-छिक-छम

माला की *भऊऊ!* से पहले
डाकिया निकल जाता।

छिक-छिक-छम

अब माला किसी को डरा नहीं पाती।

तो ऐसे में माला ने क्या किया?

उसने अपनी चाँदी की
पायल उतार दी!